DESCRIPTION
HISTORIQUE
DES
TABLEAUX
DE L'ÉGLISE DE PARIS.

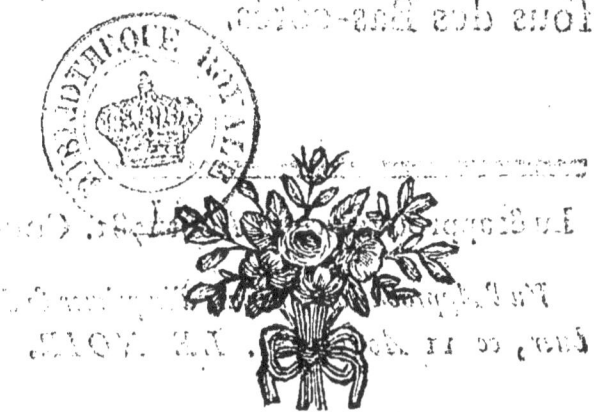

A PARIS,

De l'Imprimerie de la Veuve HÉRISSANT, Imprimeur-Libraire de l'Eglise de Paris, rue Neuve Notre-Dame, à la Croix d'Or.

M. DCC. LXXXI.

Nota. Le vrai point de vue des Tableaux de la Nef eſt du deſ-ſous des Bas-côtés.

Lu & approuvé, ce 11 Août 1781. COCHIN.

Vu l'Approbation, permis d'imprimer & diſtri-buer, ce 11 Août 1781. *LE NOIR.*

DESCRIPTION
HISTORIQUE
DES TABLEAUX
DE L'EGLISE DE PARIS,

Réparés en 1781.

TABLEAUX DE LA NEF,

En entrant à droite.

1. UN Homme né boiteux, demandant l'aumône à la porte du Temple, s'adreſſe à S. Pierre & à S. Jean. Le Prince des Apôtres lui répond : *Je n'ai ni or ni argent ; mais ce que je poſſéde, je te le donne ; au nom de J. C. leve-toi & marche* : le boiteux fut guéri à l'inſtant. Ce Tableau a été peint en 1703, par D. *Silveſtre*, & préſenté par *de Paris*, & G. *Arnault.* Il eſt

A

d'un bon effet, drapé de bon goût, sur-tout les figures de S. Pierre & de S. Jean; peint avec fermeté, & d'un grand caractere de deſſin; il eſt regardé comme un des bons de cette ſuite.

2. S. Pierre gardé dans la priſon, où le Roi Hérode l'avoit fait mettre la veille du jour de ſon ſupplice. Pendant que cet Apôtre, enchaîné, dormoit entre deux Gardes, l'Ange du Seigneur parut pour le délivrer : Ce lieu eſt rempli de la lumiere céleſte de l'Ange, qui éclaire tous les objets. C'eſt une des parties à conſidérer dans ce Tableau, qui eſt d'un très-bon ton de couleur, & d'un effet bien entendu; le raccourci de la figure de S. Pierre eſt bien ſenti, & l'exécution de cette même figure, eſt intéreſſante de près, pour le ſtyle; la maniere large de draper, & les extrémités, en ſont bien deſſinées.

Ce Tableau a été peint en 1679, par *Jean-Baptiſte*, frere de Michel *Corneille*, & gravé par *Picard* le Romain; il a été donné par Charles *Maſſe*, & Jean-Baptiſte *Crevon*.

3. Le Départ de S. Paul de l'Egliſe de

Milet pour Jérusalem : Avant de s'embarquer, il embrasse avec tendresse, les Fideles qui pleuroient de le voir partir.

Peint en 1705, par *Galloche*, & donné par Jean-Baptiste *Hannier*, & Alexandre *Lenoir*. Ce Tableau, (ainsi que le peu d'ouvrages que ce Peintre à laissés, est d'un ton de couleur lumineux & très-vigoureux ; sa touche, aussi spirituelle que son dessin correct, le placent au rang des meilleurs Maîtres de notre Ecole.

4. Le Martyre de S. Simon en Perse ; les Bourreaux l'étendent sur un banc, pour le scier, l'un d'eux accommode une scie, tandis que l'Apôtre leve les yeux au Ciel, où il envisage la Couronne céleste du martyre. Il est peint par Louis de *Boulogne*, le pere, en 1648 ; il a été donné par Philippe *Pijart*, & Louis *le Blond*. On voit plusieurs belles têtes dans ce Tableau ; elles sont remplies d'expressions vraies : La composition en est belle, & offre des détails bien rendus.

5. Le Martyre de S. Jean-l'Evangéliste; on le voit suspendu pour être jetté

A ij

dans une chaudiere d'huile bouillante, près la Porte-Latine de Rome. Il a été peint en 1662, par Claude *Hallé*, le pere, gravé par *Coffin*, & donné par Charles *Hainault*, & Jean-François *Breteau*. La figure du Saint, & le grouppe d'Anges, font en partie l'intérêt de ce Tableau, d'ailleurs bien peint, & deffiné correctement.

6. J. C. apparoiffant à S. Pierre, à une des portes de Rome; l'Apôtre lui demanda où il alloit: Le Seigneur lui répondit qu'il alloit *à Rome, pour y être crucifié une feconde fois.* Ce Tableau peint en 1664, par Jérôme *Sourlay*, & gravé par *Boffe*, a été donné par Jacques *Bouillet*, & Antoine *Turpin*. On ne fçait pourquoi l'opinion commune l'attribue à *Mignard*, quoique figné *Sourlay*, fon Eleve, dont on ne connoît d'autre ouvrage que celui-ci. Cette idée prend fon autorité de la chofe même, en ce que la maniere de faire, reffemble à tout ce que l'on voit de plus beau de *Mignard*; le Chrift eft d'un grand caractere de deffin, tenant au *Carrache*, que ce Maître a fouvent pris pour guide; l'exécution en eft très-finie, &

les parties bien terminées : le parti hardiment pris, d'un effet lumineux, & en plein air, sans le secours d'aucunes masses d'ombres, décele plutôt le grand Maître auquel on l'attribue, que l'Eleve, qui n'est point connu.

7. S. Pierre qui ressuscite la Veuve Tabithe. Peint en 1652, par Louis *Testelin*, gravé par *Bosse*; a été donné par Joachim *Murier*, & Pierre *Barbier*. La composition de ce Tableau est intéressante, & d'un bon style; la tête du S. Pierre est d'un beau caractere, sa figure bien drapée & bien exécutée : Il en est de même de la plupart des autres objets qui occupent la scene. Ce Tableau est regardé comme un des bons de la collection.

8. S. Paul par la force de ses prédications, oblige les Gentils à brûler leurs livres de magie. Ce Tableau a été peint en 1649, par Eustache *Le Sueur*, à l'âge de 32 ans ; gravé par Etienne *Picard* le Romain, & donné par Philippe *Renault*, & Gilles *Crevon*. C'est un de ces ouvrages sublimes, qui font époque dans les arts. Il est une sorte de célébrité dont on ne connoît point l'enfance; *Le Sueur* en est un

exemple, puisque l'on voit peut d'ouvrages foibles de ce Maître. *Raphaël* & lui ont des rapports si directs, tant par leur mérite prématuré, & leur maniere de faire, que par la briéveté de leur carriere, étant morts l'un à 37, & l'autre à 38 ans, qu'on est tenté de les comparer ; aussi l'a-t-on nommé le *Raphaël* François. Le premier, au centre du reste des ressources de l'art, qu'il puisa chez les Antiques, en forma la base de son talent ; la privation de ces moyens, n'arrêta point le génie du second, qui, non moins porté à la correction que l'autre, a créé lui-même le talent qui l'immortalise : Ce Tableau en est une preuve convaincante.

Peut-on concevoir un plan plus net, prendre un parti plus grand, entendre mieux le développement perspectif de sa scene ? on a peine à croire que la figure de S. Paul, qui paroît à son point de vue de grandeur naturelle, sur le second plan, n'ait que quatre pieds & demi de proportion, & un pied de moins que la figure du premier plan ; résultat merveilleux de la correction de sa perspective. Quel contraste dans les caracteres ! jufqu'à cet Efclave Phrygien, qui fe trouve oppofé à la majefté des figures principales. Quelle variété d'âge, de condition, de forme ! La tête du S. Paul, animée d'un zele éloquent & perfuafif, l'action véhémente du converti qui déchire ce livre, l'attention de celui qui écoute, & l'application de celui qui écrit, donnent à connoître que tout y eft combiné, & médité pour l'expreffion du fujet. L'exécution en eft précieufe, & les extrémités terminées avec une fermeté, qui fait difparoître la peine d'un fini recherché : la chaleur de l'air qui regne dans ce Tableau, dénote le climat d'Ephefe ; tant de perfections réunies, feroient regarder à jufte titre, *Le Sueur* dans cet ouvrage, comme l'égal de *Raphaël*, fi ce Prince des Peintres Italiens n'avoit paru le premier; c'eft le plus-beau Tableau de ce Maître, & fans contredit un des plus beaux de l'Europe.

En recommençant par le bas de la Nef, à gauche.

1. Notre Seigneur rendant vifite à Marthe; fa fœur Marie-Magdeleine, eft

aux pieds du Sauveur, & écoute avec attention sa sainte Parole : Le Peintre a saisi l'instant où Marthe vient dire à Jesus-Christ : *Seigneur, ne considérez-vous point ma sœur, qui me laisse servir toute seule ? dites-lui donc qu'elle m'aide.* Il a été peint en 1704, par Claude *Simpol*, & donné par Jacques *Lucas*, & Jean *Mercier*. Ce Tableau, dont l'Auteur est peu connu, mérite une place distinguée dans cette suite; le Christ & les deux figures de Marthe & Magdeleine, sont drapées savamment; les têtes & les mains bien dessinées & bien peintes; si le fond du Tableau n'avoit pas poussé au brun, on pourroit le regarder comme un de ceux qui réunissent le plus de parties, & dont quelques-unes sont fort agréables à voir de près.

2. La Multiplication des cinq Pains & des deux Poissons; Jesus-Christ ayant béni les cinq pains & les deux poissons, les rompit, & les fit distribuer par ses Disciples, à cinq mille personnes, qui toutes en mangerent, & en furent rassasiées. Ce miracle est très-bien représenté dans ce Tableau,

peint en 1696, par Jean *Chriſtophe*, & donné par Pierre *Le Roy*, & Charles *Gérard* : il eſt aſſez bien ordonné, & le ton bien ſoutenu.

3. La Vocation de S. Pierre & de S. André : Ils quittent leurs filets pour ſuivre le Seigneur : ce Tableau peint en 1672, par Michel *Corneille*, & donné par Étienne *le Bret*, & Claude *de Paris*, eſt d'une touche hardie, & d'une couleur très-vigoureuſe.

4. Les Vendeurs chaſſés du Temple, par Notre Seigneur, en leur diſant, que *la Maiſon de ſon Pere, eſt une Maiſon de Prieres, & non pas une caverne de voleurs* ; cette action eſt très-bien exprimée dans ce Tableau, peint en 1687, par Claude *Hallé*, & donné par Jacques *Trouvé*, & Jean *Vattin*. On admire la belle ordonnance de cette compoſition, & le bon goût de deſſin des figures qui occupent la ſcene. L'effet en eſt bien rendu, & le faire facile, & d'une belle exécution. L'Auteur eſt le pere de l'Artiſte eſtimable que l'Académie vient de perdre.

5. Le Seigneur entrant dans la Ville de

Nazareth, guérit un Paralytique qui lui fut préfenté, couché dans un lit. J. C. lui dit: *Levez-vous, emportez votre lit, & retournez à votre maifon.* Le Paralytique s'étant levé, s'en alla chez lui : les fentimens de reconnoiffance de l'homme guéri, font affez bien rendus dans ce Tableau, peint en 1673, par Jean *Jouvenet*, gravé par *Vermeulen*, & donné par François *de la Foffe*, & Pierre *Duhamel*. C'eft un des meilleurs ouvrages de ce grand Maître, quoique fait à l'âge de 32 ans, environ trente-fix avant le *Magnificat*. Il eft rempli d'énergie & de la plus grande force ; la fupériorité attachée au nom de *Jouvenet*, & le caractere avec lequel tout eft exprimé dans fes ouvrages, fuffit, fans rien ajouter aux éloges que la poftérité lui accorde ; c'eft ce qu'on nomme un Tableau d'Artifte, pour le grand goût, la force des expreffions, & les moyens pittorefques qu'il a employés pour produire un grand effet.

6. L'Entretien du Seigneur avec la Samaritaine, qui étoit à puifer de l'eau au puits de Jacob, où le Sauveur fe repofoit ; elle crut en lui: il a été peint

en 1695, par Louis *Boulogne*, & donné par Adrien *Poly*, & Louis *Dumont*. La femme est correctement dessinée, & peinte dans le goût du *Guide* ; on admire le fond & le Paysage que cet Artiste traitoit avec beaucoup de facilité.

7. Le Centenier prosterné aux pieds du Seigneur, pour lui demander la guérison de son Serviteur, qui étoit paralytique, qu'il obtint en faveur de sa véritable foi, & de son humilité : peint en 1686, par Louis *Boulogne*, le jeune, & donné par Denis-Germain *Godin*, & Pierre *Anceaux*. Cette composition est riche, & le fond est ingénieusement lié au sujet : Il y a des détails, tels que cet Enfant dans les bras de sa Mere, peint avec la vigueur, & le brillant des Flamands.

8. Le Seigneur guérit un Paralytique, qui depuis 38 ans étoit au bord de la Piscine, où celui qui entroit le premier étoit guéri ; J. C. lui ayant demandé s'il vouloit être guéri, lui dit : *Levez-vous & marchez* : peint en 1678,

par *Boulogne* (*), gravé par Jean *Langlois*, & donné par François *de Villert*, & Laurent *Pillard*. La Majesté du Christ & l'étendue de cette scene sont à considérer dans ce Tableau, qui est d'un bel effet & d'un grand caractere de dessin.

(*) Il faut distinguer dans l'Ecole des *Boulogne*, qui a commencée en 1609, Louis *Boulogne*, pere, qui a peint le Martyre de S. Simon, du côté droit de la Nef, en 1648, d'avec *Bon-Boulogne*, son fils aîné, Peintre ingénieux, qui avoit le talent particulier de contrefaire la maniere de tous les Maîtres, & qui par lui-même faisoit de très-bons Tableaux, tels que sa Piscine, & tout ce qu'il a fait aux Invalides, & autres lieux. Louis, son jeune frere, n'a point dégénéré de ses ancêtres; il est aisé de s'en appercevoir dans le Tableau du Centenier, de la Nef, & dans les deux du Chœur de N. D.

Un bon caractere de dessin, un très-bon coloris, des airs de tête gracieux, de la noblesse dans les compositions, caractérisent la maniere de faire de cette famille renommée dans la Peinture, & honorée dans la suite par des places & charges distinguées. Celui-ci fut nommé premier Peintre du Roi, & fait Chevalier de S. Michel; il mourut en 1739.

SUITE
DE LA
DESCRIPTION HISTORIQUE

DES TABLEAUX DE L'EGLISE DE PARIS,

En tournant vers la Croisée du côté de l'Archevêché.

1. VIS-A-VIS la Chapelle de la Vierge, le Vœu de Louis XIII, représenté par une Notre-Dame de Pitié : On voit la Vierge au pied de la Croix, & le Corps mort de son Fils étendu devant elle : Le Roi est à genoux, vêtu de ses habits royaux, & présente sa Couronne à la Vierge, pour marquer qu'il met sa Personne & son Royaume sous sa protection : Peint en 1638, par Philippe *Champagne*. C'est un des plus terminés de ce Maître.

De suite, à côté & un peu plus bas, vis-à-vis la Chapelle.

2. Saint Paul & Sillas, flagellés dans

B

la Ville de Philippe en Macédoine, par ordre des Magistrats : Peint en 1655, par Louis *Testelin*; & donné par François *Robelay* & Louis *de Pluvier*. Cette composition est sage & bien ordonnée; les Figures en sont dessinées correctement & peintes d'une maniere suave. Cet Artiste étoit Eleve de *Simon Voüet*, & comtemporain & l'ami de Lebrun. C'est son dernier Tableau.

Au-dessus de celui-ci sur la même face.

3. Saint André à genoux devant sa Croix, tressaillant de joie à la vue de son supplice : Peint en 1670, par Jacques *Blanchard*, le jeune, Peintre coloriste, formé dans l'Ecole Vénitienne, & surnommé le *Titien François*. Ce Tableau est composé hardiment, & peint d'une couleur & d'une touche vigoureuse; moins correct en cet ouvrage, qu'en son Tableau de la Descente du Saint-Esprit, qui est au pilier de la Nef à gauche, & qui est aussi d'un tout autre ton de couleur : ce qui fait remarquer une différence extraordinaire dans le même Auteur, quoiqu'il y ait 36 ans

d'espace entre les dates de ces deux Tableaux ; l'un d'un coloris frais, suave & argentin, & d'un dessin correct; & l'autre, de la plus grande vigueur, mais de formes plus outrées. Celui-ci a été donné par François *Garnier* & François *le Noble*.

Sur la même ligne, en tournant sur la façade de la Croisée.

4. Saint Jacques-le-Majeur, Fils de Zébédée, & Frere de Saint Jean-L'Evangéliste, ayant guéri un Paralytique, est conduit au martyre avec celui qui l'avoit accusé, qui, touché de repentir, confessa qu'il étoit Chrétien, & pria S. Jacques de lui pardonner. L'Apôtre s'arrêta, & lui dit: *La paix soit avec vous*, & l'embrassa: Peint en 1661, par Noël *Coypel*, le pere ; & donné par Jean *Picard* & François *le Bret*. Ce Tableau est d'une belle exécution ; les têtes principales & les mains en sont bien rendues, ainsi que plusieurs détails. Ce Peintre a été Directeur de l'Académie Royale à Rome, & a eu pour Eleves *Antoine* & Noël *Coypel*, ses fils.

De suite sur la même hauteur.

5. La Femme affligée du flux-de-sang pendant douze ans, à qui J. C. se retournant, dit : *Votre foi vous a guérie :* Peint par *Cazes* en 1706. C'est un des plus beaux Tableaux de ce Maître; il est d'une belle ordonnance, d'un pinceau moëlleux, d'une touche large & bien passée, & d'une belle harmonie. Ce Peintre prouve une grande facilité par la quantité prodigieuse de ses productions; & si l'on excepte celui de la Nef de S. Germain-des-Prés, il en est peu de grands aussi terminés que celui-ci; donné par *J. Le Bastier*, & *J. Le Nattier*, en 1706.

De suite à côté.

6. S. Paul lapidé à Lystres, Ville de Licaonie, où il avoit fait plusieurs miracles. Le croyant mort, il fut traîné hors de la Ville : Peint par Jean-Baptiste *Champagne*, le neveu, en 1667; gravé par *Cossin*, & donné par Daniel *de Cleves* & Joseph *Breteau*. Ce sujet est traité avec beaucoup de force & d'expression, d'un coloris vigoureux. Il est aisé

de voir que ce Maître avoit la nature pour guide, & qu'il y puifoit ce faire agréable & terminé ; il a mis beaucoup de vérité dans fes caracteres de têtes, qui font toutes bien contraſtées felon leur âge, leur condition & leurs paſſions.

Au-deſſus de la Chapelle.

7. La Prédication de S. Pierre dans la Ville de Jéruſalem : Peint en 1642, par Charles *Poerſon*, le pere, qu'il eſt aiſé de reconnoître pour un Eleve de *Vouët*, puiſque ce Tableau eſt totalement dans fa maniere empâtée, franche & touchée hardiment ; il a été donné par Pierre *le Bartier* & François *le Quint*.

EN TOURNANT *à l'autre Croiſée du côté du Cloître.*

1. La Deſcente du Saint-Eſprit ſur les Apôtres. Ce Tableau eſt des plus beaux & des plus eſtimés de ce Maître ; il a été peint en 1634, par Jacques *Blanchard,* comme il eſt dit ci-deſſus ; gravé par *Regneſſon* ; & donné par Antoine *Crochet* & Claude *Boſnel*.

De suite à côté & un peu plus bas, vis-à-vis la Chapelle S. Marcel.

2. S. Paul ayant guéri en un instant, un homme né boiteux, dans la Ville de Lystres, en présence des Habitans qui l'écoutoient ; ils le prirent pour Mercure, parce qu'il portoit la parole ; & S. Barnabé qui étoit avec lui, pour Jupiter : En conséquence ils amenerent des taureaux pour les leur sacrifier. Mais les deux Apôtres voyant leur idolâtrie, leur crierent : *Mes amis, que voulez-vous faire ? Nous ne sommes que des hommes comme vous ; nous vous demandons de vous convertir de ces vaines superstitions, & d'adorer un seul Dieu vivant, qui a fait le Ciel & la Terre.* Ce Tableau a été peint en 1644, par Michel *Corneille*, le pere ; gravé par François de *Poilly* ; & donné par Jean *de Closnel* & François *le Maître*. Il paroît que ce Peintre avoit une grande connoissance des bas-reliefs antiques, par le style dont son Tableau est composé ; les draperies & les accessoires y sont traités à l'imitation des anciens : il y a aussi plusieurs belles têtes.

Au-dessus de celui-là.

3. L'Enlevement de S. Philippe ; ce Saint Diacre va trouver, par ordre de Dieu, un Eunuque, l'un des premiers Officiers de Candace, Reine d'Ethiopie, & Surintendant de tous ses tréfors; lui annonce J. C. & le baptife ; après la cérémonie, un Ange tranfporte S. Philippe dans la Ville d'Azot pour y annoncer l'Evangile.

Ce Tableau a été peint en 1663, par Thomas *Blanchet;* quoiqu'il y ait peu de fes Ouvrages à Paris, il eft aifé de juger de fon mérite par celui-ci. Il avoit un ftyle élevé, un grand goût de deffin, ce que l'on peut remarquer dans la figure du Saint & dans celle de l'Ange qui l'enleve; elles font auffi d'un très-bon ton de couleurs. Les confeils de *Pouffin* & d'André *Sacchi*, perfectionnerent fes talens : il a beaucoup travaillé à Lyon. Ce Tableau a été donné par Guillaume *Maurice* & Ifaac *Trouvé*.

De suite en tournant à la même hauteur:

4. Le Martyre de S. Etienne, qui, plein de graces & de forces lorsqu'on le lapidoit, invoquoit J. C, difant : *Seigneur, ne leur imputez point ce péché* : Peint en 1651, par Charles *le Brun* ; gravé par *Gerard Audran* ; & donné par Jean *Crochet* & Nicolas *Delaizer*. Difcuter le faire des Maîtres qu'on admire, eft le feul moyen qui refte à la poftérité pour éternifer leur mémoire & leur célébrité. Dans la tête de ce Martyr, l'ame & l'efprit du Peintre fe montrent bien fupérieurs au méchanifme de l'Art. En effet, *le Brun* concentré dans les caracteres qu'il vouloit exprimer, femble peu s'être attaché à l'élégance du pinceau ; entierement occupé de l'expreffion de fon fujet, deffinant correctement, drappant favamment, grand Obfervateur du coftume, inftruit de tout ce qui pouvoit enrichir & orner fes compofitions, il parvenoit ainfi à répandre dans fes Tableaux, cet intérêt qui fatisfait également l'Hiftorien, le Poëte & l'Artifte : Tous fes épifodes fe réu-

niſſent à l'action principale ; auſſi ne peut-on voir ſans émotion, la réſignation de ce Saint, dont l'Ame par le mouvement expreſſif de la Figure entiere, ſemble s'élancer vers le Sauveur qui lui tend les bras.

5. Le Martyr de S. Pierre, qui a été crucifié la tête en bas, dans la Ville de Rome : Peint en 1643, par Sébaſtien *Bourdon*; & donné par *Paſquier Charpentier* & *Honoré Dumelin*.

La réputation de ce Tableau, le rang de l'Auteur parmi les plus grands Maîtres, ſervent à prouver par combien de routes différentes on peut ſe faire un nom dans la Peinture, & combien il eſt difficile de réunir tout ; l'un poſſéde la pureté du deſſin & la correction des plans ; l'autre la force & la vérité des expreſſions, jointes à beaucoup d'érudition ; celui-ci ſe fait admirer par la ſeule énergie de ſon coloris ; celui-là par ſon grand caractere.

Entre toutes ces parties que l'étude ſouvent ne fait que développer dans les hommes, il en eſt une, que la nature donne, & qui tient au caractere: c'eſt cet enthouſiaſme qui convient à la peinture, qui anime & fait briller d'un degré supérieur, une production créée avec ce feu divin ; c'est l'heureuse influence qu'invoque *Boileau* dans son Art Poétique, & le nerf des Arts en général. Cet heureux don est éminent dans *le Bourdon* ; ce coloris vigoureux & transparent, cette maniere d'exprimer tout avec force, & qui semblant négliger tous détails peu apperçus à certaine distance, & ne rendre aux yeux que les masses frappantes, laissent une impression de grandeur qui en impose.

C'est enfin ce beau idéal inné, résultat de beaucoup d'études qui fixe & charme l'œil du Connoisseur, & dont le prix est inestimable quand il est réuni à beaucoup de science.

6. Le Martyre de S. André dans la Ville de Satras : Peint par *C. le Brun*, cinq ans après son retour de Rome ; gravé par Etienne *Picart* ; & donné par Nicolas *Boucher* & Simon *Grouard*.

Dans celui-ci *le Brun* s'est attaché à la correction de sa Figure nue, & a risqué un raccourci. Un grand Homme veut s'exercer sur tous les points de son Art. Le Corps de S. André est peint avec beaucoup de soin. Ce Peintre réussissoit toujours dans ses principales têtes ; celle-ci est superbe. Il étoit doué de cet heureux sang-froid dans l'exécution, qui laisse le temps de penser à tout. Dans cet ouvrage-ci, il s'est plu à rendre certaines expressions du second ordre, comme ses Bourreaux, dans lesquels il a répandu un air de vérité qui, en ornant son Tableau, laisse néanmoins briller ses caracteres nobles.

Cette composition sort des moyens ordinaires ; & l'on jouiroit davantage de ses effets, si les masses n'avoient pas un peu poussé au noir.

Au-dessus de la Chapelle.

7. La Conversion de S. Paul, grand Persécuteur des Chrétiens : Peint en 1637, par Laurent *de la Hire* ; gravé par lui-même ; & donné par François *Hainault* & Antoine *de la Fosse*.

C'est un des beaux Tableaux de ce Maître, qui reparoît un Dessin maniéré quelquefois par une touche spirituelle & analogue à chaque objet : un coloris suave, un beau pinceau, sont remarqués dans cet Ouvrage-ci, comme dans presque tous ceux de sa main, d'un faire facile ; les accesfoires, ainsi que les chairs, paroissent imités d'après nature; & il peignoit supérieurement le Paysage.

ANALYSE *des beautés de plusieurs Tableaux de l'Eglise de Paris, comparés les uns aux autres.*

C'EST une opinion reçue jusqu'ici, que la supériorité de celui de *le Sueur*, sur les plus beaux de cette Eglise, tels que le Saint *Etienne*, & le Saint André de *le Brun*, le Saint Pierre *de Bourdon*, & le Paralytique de *Jouvenet*.

Après un examen réitéré de ces Tableaux, on est tenté d'en faire une comparaison.

Sans contester l'opinion commune, celle que je vais citer, mettant plus d'égalité dans la balance entre ces objets, sera peut-être adoptée de ceux qui aiment ou qui exercent la peinture.

On convient généralement que la sagesse, la raison & la science, ont dirigé le génie de *le Sueur*, dans sa belle composition de S. Paul, qui fait brûler les livres des Gentils à Ephèse; que la vérité des expressions, la pureté de son dessin, la noble simplicité dans les formes, la précision & la netteté de ses plans, lui ont sans doute acquis la prééminence sur les autres, en réunissant plus de parties essentielles.

Examinons maintenant si celle de l'expression portée au sublime dans le S. Etienne, de *le Brun*, malgré les négligences d'exécution du reste, ne prouve pas quelque supériorité à cet égard dans celui-ci.

Le premier ayant *Raphaël* pour guide, substituoit si fréquemment les réminiscences de ce Maître dans le choix de ses caracteres, dans sa maniere de draper & même de penser, que lui ôtant tout ce qu'il empruntoit de ce grand Peintre, le prestige cesse un instant, pour laisser briller impérieusement le génie de *le Brun*, qui ne consultoit la nature, qu'inspiré par de belles idées pour ses têtes de Martyrs & celles de leurs Bourreaux, toutes variées & si bien contrastées.

Il n'est pas moins constant, que dans la suite de l'Histoire des Chartreux, de *le Sueur*, les expressions simples & vraies y paroissent toutes puisées dans la nature ; aussi, est-il-là dans son caractere original.

Reste à examiner, si dans ses Tableaux de S. Gervais, l'expression y est au même degré de sublimité, que dans les Saints de *le Brun*. Il résulteroit de cette comparaison, que la réunion de toutes les parties qu'un génie sage peut posséder à force de science & d'étude, doit céder à l'heureux génie, qui avec les mêmes moyens, forme & exprime des caracteres plus pénétrans, plus neufs & plus difficiles à rendre : La nature offrant si rarement au moment même, ce qu'on imagine, & ce que l'on cherche de relatif à son sujet.

Venons actuellement à ce goût pittoresque de *Bourdon*, qui, sans cette finesse d'expression, & sans cette scrupuleuse précision, sçait attirer l'œil le plus délicat dans son Martyre de S. Pierre, par le charme du coloris, par la magie des transparences, par les dégradations de lumiere, & les vapeurs de l'air sur ces mêmes objets ; ce qui forme un tout enchanteur, définissable seulement aux yeux des artistes : De façon que sans correction de plans, sans pureté de formes, & sans sublimité d'expressions, par son seul caractere, son goût & son coloris harmonieux, cet ouvrage vu à côté de celui de *le Sueur*, le rend crud, & semble lui ôter un rayon de sa gloire, en lui laissant tout son mérite.

Il est donc aisé de conclure, d'après cette exposition, que le Tableau de *le Sueur*, quoique réunissant plus de parties, doit céder à la sublimité des expressions de *le Brun*, malgré les foiblesses d'exécution de celui-ci en certains endroits, & à la brillante harmonie & au caractere du *Bourdon*, quoiqu'inférieur à lui en pureté & en correction.

Mais on desirera long-temps dans un même Ouvrage de ce genre, la réunion de toutes ces parties, dont une seule a suffi pour la réputation de ces grands hommes.

On ne peut se dispenser aussi de faire mention du Paralytique de *Jouvenet*, dans la Nef de Notre-Dame ; de ce beau résultat d'une connoissance profonde de la charpente humaine, & d'une combinaison de formes prononcées hardiment, pour être vues à distance éloignée : Inventeur de ce grand parti, fier & terrible dans ses Tableaux de S. Martin-des-Champs, coloriste en celui de la Nef de Notre-Dame, comme en celui de la Descente de Croix qui est à l'Académie, moins recherché dans les expressions que les deux Maîtres ci-dessus, moins harmonieux peut-être que le *Bourdon*; il tient néanmoins le sceptre d'un caractere décidé dans ses formes, dans ses masses & dans ses plans. Qu'on le compare à tous les Maîtres d'Italie, sans rien emprunter d'eux, il est Maître lui-même, par son grand parti & par sa seule imagination secondée de la nature.

Que n'est-on dans l'usage ici comme à Rome, de perpétuer ces Chefs-d'œuvres en Mosaïque !

La mémoire de ces grands Artistes, conservée par ce moyen comme celle des *Raphaël*, des *Guerchin*, des *Dominiquins*, &c. ne se perdroit point par l'injure des temps.

MESSIEURS du Chapitre de Notre-Dame, connoissant tout le mérite de cette Collection, en ont ordonné la Restauration en l'année 1781, & n'ont rien épargné pour remettre sous les yeux de la Nation une des plus belles époques de la Peinture en France, dans un siecle où des occasions fréquentes exerçoient tous les Arts.

www.ingramcontent.com/pod-product-compliance
Lightning Source LLC
Chambersburg PA
CBHW030104230526
45471CB00003B/1255